Stefan Zalewski

Open Source – Der Weg in das Unternehmen

I0013284

Stefan Zalewski

Open Source – Der Weg in das Unternehmen

GRIN Verlag

Bibliografische Information der Deutschen Nationalbibliothek: Die Deutsche Bibliothek verzeichnet diese Publikation in der Deutschen Nationalbibliografie; detaillierte bibliografische Daten sind im Internet über http://dnb.d-nb.de/ abrufbar.

1. Auflage 2008
Copyright © 2008 GRIN Verlag
http://www.grin.com/
Druck und Bindung: Books on Demand GmbH, Norderstedt Germany
ISBN 978-3-640-24804-9

Hausarbeit

an der

Fachhochschule für Oekonomie & Management

im Studiengang Wirtschaftsinformatik

im Fachbereich Betriebsinformatik III

am Standort Köln

Open Source – Der Weg in das Unternehmen

Autor: Stefan Zalewski

Abgabe am: 05.07.2008

Inhalt

1   Einleitung.. 1

2   Open Source Software 2

   2.1   Geschichte der Open Source Software 2

   2.2   Abgrenzung von Softwarevarianten... 3

      2.2.1   Freie Software 3

      2.2.2   Open Source Software 3

      2.2.3   Public-Domain Software.. 4

      2.2.4   Shared Source Software 4

      2.2.5   Freeware 4

      2.2.6   Shareware 4

      2.2.7   Proprietäre Software... 5

      2.2.8   Übersicht der Begriffsabgrenzung... 5

   2.3   Lizenzmodelle... 6

      2.3.1   GNU General Public License (GPL) 6

      2.3.2   GNU Lesser General Public License (LGPL)................................... 6

      2.3.3   BSD-Lizenz 6

      2.3.4   Auflistung weiterer Lizenzen.. 7

   2.4   Verteilung der Lizenzen in Open Source 7

3   Einsatz von Open Source Software in Unternehmen...................................... 8

   3.1   Vorteile 8

      3.1.1   Anbieterunabhängigkeit... 8

      3.1.2   Sicherheit... 8

      3.1.3   Anpassbarkeit 8

      3.1.4   Wiederverwendbarkeit von Quellcodes 9

      3.1.5   Anschaffungskosten 9

      3.1.6   Produktqualität 9

      3.1.7   Offene Standards.. 9

   3.2   Nachteile 9

      3.2.1   Keine Gewährleistungsansprüche 9

      3.2.2   Support.. 10

      3.2.3   Schulungsaufwand 10

3.2.4   Weiterentwicklung 10

3.2.5   Mangel an Applikationen 10

3.3   Open Source im Office-Bereich 11

3.3.1   Microsoft Office 2007 Professional vs. OpenOffice.org 2.x 11

3.3.2   Produkteinsatz im Office-Bereich 12

4   Wirtschaftlichkeit von Open Source 14

5   Fazit 15

Abkürzungsverzeichnis 17

Abbildungsverzeichnis 18

Tabellenverzeichnis 19

Literaturverzeichnis 20

1 Einleitung

In den letzten Jahren konnte sich Open Source Software (OSS) zu einer immer größeren Alternative gegenüber proprietärer Software entwickeln. Auch immer mehr Unternehmen interessieren sich für die vermeintlich kostengünstigere Variante. Die Entscheidung über den Einsatz von Open Source in Unternehmen sollte wohl bedacht sein.

Es ist hinsichtlich bekannt, dass Open Source salonfähig geworden ist. Nicht zuletzt dadurch, dass bezüglich der Lizenzen Einsparungen bei den Kosten versprochen werden. Diese Aussage wird in der Studie CIO Insight belegt, in der führende IT-Verantwortliche bestätigen, dass 84,2 % der Open Source Lösungen von der Firma Red Hat (weltweit führender Anbieter von Open Source und Linux Produkten) als *exzellent* oder *gut* bewertet wurden.

Auch die beiden Entscheidungskriterien *Erfüllung der Erwartungen und Senkung der Kosten*, sowie *Einhaltung des erwarteten Return of Investment*, konnte das Unternehmen Red Hat für sich entscheiden[1].

Die folgende Ausarbeitung soll eine Übersicht über die einzelnen Softwarevariationen und Lizenzen geben, sowie einen kurzen Einblick verschaffen, mit welchen Vor- und Nachteilen ein Unternehmen mit der Einführung bzw. dem Einsatz von Open Source rechnen muss. Zu dem wird kurz erläutert, welche Open Source Produkte bereits in der Lage sind, proprietäre Produkte in bestimmten Einsatzbereichen zu ersetzen.

---

[1] Vgl. (CIO Insight, 2005)

2 Open Source Software

Open Source kommt aus dem Englischen und steht für *quelloffen*. Der vom Programmierer geschriebene Quelltext (Gesamtheit der einzelnen Befehlszeilen) einer Software muss von jedem Menschen gelesen, benutzt, verändert und kopiert werden können, sowie durch bestimmte Lizenzen zur freien Nutzung gesichert sein. Jeder Nutzer kann die Software nach seinen Vorstellungen anpassen und weiterverbreiten. Verbesserungsvorschläge verschiedener Nutzer führen somit zu einer ständigen Optimierung der Open Source Software. Die daraus resultierenden Ergebnisse sind oft schneller als die Reaktionen von Unternehmen[2].

2.1 Geschichte der Open Source Software

Die Geschichte der Software begann als kostenlose Beigabe zu leistungsfähigen und frei programmierbaren Rechenmaschinen im Jahr 1941. Die Weiterentwicklungen und Verbesserungen der Rechnersysteme und deren Software waren enorm, so dass sich später ein neues Geschäftsfeld heraus kristallisierte. IBM und andere Hersteller vertrieben die Software der Großrechner eigenständig. Mitte der 60er wurde die Software durch den Urheberschutz, auch als Copyright bekannt, geschützt. Die Quelltexte wurden kompiliert und waren somit nicht mehr lesbar. Mit Hilfe von Lizenzverträgen und dem damit verbundenen eingeschränkten Nutzungsrecht, wurde dem Kunden die Weitergabe der Software eingeschränkt oder gänzlich verboten.

Dies führte zu einer Unzufriedenheit vereinzelter Unternehmen und unabhängiger Programmierer. Änderungswünsche und Programmfehler mussten bei den Herstellern gemeldet und teilweise teuer bezahlt werden[3].

1984 rief Richard Stallmann die Free Software Foundation mit dem Projekt GNU (GNU`s not Unix) ins Leben. Das Projekt setze sich ein freies *unix-kompatibles Betriebssystem* zum Ziel. Richard Stallmann entwickelte mit Eben Moglen die General Public License (GPL), die heute als Grundlage jeder Open Source Software gilt.

Das GNU-Projekt erlebte seinen Höhepunkt mit dem Erscheinen des freien Betriebssystems Linux. 1991 stellte der finnische Informatikstudent Linus Torwalds das System unter die GPL der GNU. Jeder Interessent konnte das Betriebssystem weiterentwickeln. Es entwickelte sich eine Dynamik, die Linux zu einer großen Nachfrage verhalf.

Die Wirtschaftlichkeit und Effizienz dieses Systems blieb nicht lange unerkannt. Mehrere Unternehmen vertrieben nun die freie Software auf Datenträgern mit Handbüchern.

---

2 Vgl. (Kharitoniouk & Stewin, 2003) Seite 2 ff.
3 Vgl. (Brügge, 2004) Seite 7 ff.

Jedoch darf bis heute der Kerngedanke von Open Source nicht verletzt werden: Freie Nutzung, Veränderung der Quellcodes und freie Vervielfältigung[4].

2.2 Abgrenzung von Softwarevarianten

Für die Nutzung und Weitergabe von Software gibt es fest definierte Regeln, die sich je nach Produkt und Vertrieb unterschiedlich auswirken. Hier bewegt man sich in einem Gebiet, einerseits basierend auf Software, deren Gebrauch und Weitergabe ohne Konsequenzen auf rechtlicher Ebene bleibt, sowie kommerzielle Software, die von Firmen zur Gewinnmaximierung vertrieben und deren Einsatz durch feste Regeln bestimmt wird. Sowohl der Vertreiber der Software, als auch der Softwarenutzer, müssen diese Folgen einkalkulieren[5].

Im Folgenden werden die Merkmale der bestehenden Softwarearten erläutert.

2.2.1 Freie Software

Freie Software, die in den 80er Jahren von Richard Stallman ins Leben gerufen wurde, dient lt. der Free Software Foundation der Freiheit zu lernen, zu studieren, des Wettbewerbs und der Meinungsäußerung. Jeder Benutzer kann sie kopieren, verändern, weiterentwickeln und vertreiben. Die Voraussetzung für *Freie Software* ist der offene Zugang zum Quellcode. Eine weitere Definition der Free Software Foundation lautet:

> *»Freie Software hat etwas mit Freiheit zu tun, nicht mit dem Preis. Um das Konzept zu verstehen, ist an frei wie in freie Rede, und nicht wie in Freibier zu denken.«* [6]

2.2.2 Open Source Software

Open Source Software sind Produkte, die unter den anerkannten Lizenzen der Open Source Initiative stehen. Analog zur freien Software muss der Quelltext für den Menschen in verständlicher Form lesbar, sowie kopier- und veränderbar sein. Weitere selbige Grundvoraussetzungen sind die Weiterentwicklung und Weitergabe der Software.

Aufgrund missverständlicher Interpretationen von *Freier Software*, beispielsweise Gratis-Software, wollte man mit der Einführung des Begriffs Open Source die Mehrdeutigkeitsprobleme lösen, um vor allem höhere Akzeptanz von Unternehmen zu erlangen.

Aus politischer Sicht ist der Begriff Open Source wertneutral, wogegen Freie Software den politischen Begriff *Freiheit* interpretiert. Allein aus diesem Grunde lässt sich Open Source leichter vermarkten[7].

---

[4] Vgl. (Bork, 2004) Seite 230 f.
[5] Vgl. (Gläßer, 2004) Seite 15
[6] Vgl. (Free Software Foundation, 2008)
[7] Vgl. (Gerwinski, 2008)

2.2.3   Public-Domain Software

Bei Public-Domain Software spricht man von Software-Produkten, die frei von Lizenz- bzw. Registrierungsgebühren sind. Diese dürfen kostenlos kopiert, genutzt und verändert werden. Im Gegensatz zu Open Source, wird Public-Domain Software dem Benutzer häufig ohne Source Code überlassen. Die Verteilung von Public-Domain Software erfolgt meistens über DVDs, die Computer-Zeitschriften beiliegen. Hersteller von kommerzieller Software bieten ihre kostenpflichtige Software gerne in abgespeckter Public-Domain Software zu Testzwecken an, um somit neue Kunden gewinnen zu können[8].

2.2.4   Shared Source Software

Shared Source Software wurde 2001 von der Firma Microsoft als Konkurrenz für Open Source auf den Markt gebracht. Microsoft erkannte schnell, dass Open Source Produkte großes Potenzial haben und sich auf den Vertrieb von Microsoft Produkten negativ auswirken können.

Produkte, die auf der Basis von Shared Source entwickelt wurden, müssen Einblicke in den Quellcode gewähren, unterliegen jedoch den Rechten von Microsoft. Änderungen an der Software bleiben der Firma Microsoft vorbehalten[9].

2.2.5   Freeware

Freeware strebt primär die Weiterverarbeitung über digitale Medien, wie DVDs oder Internet an. Die Weiterentwicklung und die Veröffentlichung des Quellcodes, wie bei Freier Software, ist hier nicht angedacht. Die nicht kommerzielle Nutzung von Freeware wird in der Regel von den Anbietern eingeschränkt. Daraus ergibt sich, dass Freeware letztendlich der proprietären Software zuzuordnen ist.

2.2.6   Shareware

Analog zur Freeware ist Shareware der proprietären Software zuzurechnen. Letztendlich ist Shareware keine eigene Softwareart, sondern ein Vermarktungsmodell für kommerzielle Software. Die Nutzung von Shareware wird zeitlich oder funktional eingeschränkt. Dem Benutzer wird eine Testphase für das Programm gewährt, welche nach Ablauf durch eine Nutzungsgebühr aufgehoben werden kann. Erst dann ist das Programm uneingeschränkt nutzbar. Shareware wird weder quelloffen angeboten, noch strebt man an, diese von Benutzern abändern zu lassen[10].

---

[8] Vgl. (Gläßer, 2004), Seite 15

[9] Vgl. (Microsoft, 2008)

[10] Vgl. (Schäfer, 2007) Seite 12

2.2.7 Proprietäre Software

Proprietäre Software dient nicht der Weiterverbreitung und Veränderung, sie ist gänzlich verboten. Der Quellcode wird vom Autor nicht freigegeben. Proprietäre Software ist in der Regel kostenpflichtig[11].

2.2.8 Übersicht der Begriffsabgrenzung

Um die unter Punkt 2.2.1 bis 2.2.7 erläuterten Begriffe klarer abzugrenzen, werden diese in Abbildung 1 unter Betrachtung der *Offenheit des Quellcodes* und der *Nutzungsrechte* mit Hilfe von Softwareprodukten voneinander unterschieden.

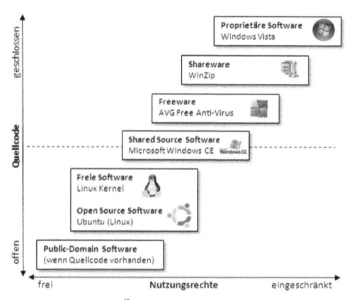

Abbildung 1 - Begriffsabgrenzung[12]

---

[11] Vgl. (Stallmann, 2001)
[12] Vgl. (Kharitoniouk & Stewin, 2003) Seite 2 ff. & (Lüchinger, 2004)

2.3 Lizenzmodelle

Die folgende Auflistung der Lizenzen erläutert, worin sich Open Source Produkte in rechtlicher Hinsicht je nach Lizenzierung unterscheiden. Jeder Programmierer kann seine Software oder Bibliotheken mit Hilfe dieser Lizenzen rechtlich schützen, muss aber auch klare Richtlinien und Pflichten befolgen.

2.3.1 GNU General Public License (GPL)

Die GNU General Public License fand 1989 in der Version 1.0 für die Lizenzierung von Freier Software Verwendung. 1991 erschien die zweite Version, die wiederum am 29. Juni 2007 von der dritten Version abgelöst wurde.

Computerprogramme unterliegen immer urheberrechtlichem Schutz und dürfen grundsätzlich von demjenigen genutzt werden, dem es der Rechtsinhaber gestattet hat. Der Umfang der Nutzung kann jedoch durch den Rechtsinhaber bestimmt werden.

Entscheidet sich der Rechtsinhaber für die GPL, so gestattet er jedem Nutzer das Programm lizenzgebührenfrei zu erwerben, zu vervielfältigen, zu verbreiten, öffentlich zugänglich zu machen und weiter zu verändern. Folglich ist es nicht möglich, geänderte Programme als proprietäre Software zu vertreiben.

2.3.2 GNU Lesser General Public License (LGPL)

Die Lesser General Public License wurde 1991 unter dem Namen Library General Public License veröffentlicht. Die LGPL ist eine abgeschwächte Variante der GPL und wird speziell für Softwarebibliotheken eingesetzt. Diese Bibliotheken müssen frei kopier-, modifizier- und verbreitbar sein. Außerdem ist der Urheber nicht an Haftungs- und Gewährleistungsansprüche gebunden. Der Quellcode muss für Kopien und Weiterverarbeitung zur Verfügung stehen.

Der wesentliche Unterschied zur GPL ist die Lockerung der Auflagen, so dass nicht gleich das ganze Programm der GPL unterliegt wenn man die Source der LGPL nutzt. Baut ein Programmierer eine Bibliothek, die der LGPL unterliegt, in seine proprietäre Software ein, so ist die Bibliothek weiterhin Open Source, jedoch bleibt der Rest des Programms proprietär[13].

2.3.3 BSD-Lizenz

BSD steht für *Berkeley Software Distribution*. Software, die der BSD-Lizenz unterliegt, darf frei verwendet, kopiert, verändert und verbreitet werden und entspricht somit den Grundzügen der GPL. Jedoch muss ein Programm, das den BSD-lizenzierten Code nutzt, im Gegensatz zur GPL nicht quelloffen veröffentlicht werden. Somit kann dieser Quellcode

---

[13] (Grassmuck, 2004) Seite 281 & 290

auch in kommerzielle Produkte eingefügt werden. Ein Vermerk für die Herkunft des Codes muss allerdings eingetragen werden[14].

2.3.4   Auflistung weiterer Lizenzen

Weitere Lizenzen die von der Open Source Initiative zertifiziert wurden:

- MIT-Lizenz (Massachusetts Institute of Technology)
- MPL (Mozilla Public License)
- Python-Lizenz
- Apache Software Lizenz
- Qt Public License
- Artistic License

Die Anzahl der Open Source Lizenzen ist jedoch unüberschaubar, so dass nicht alle aufgelistet werden können. Weitere Lizenzen sind auf der Seite der Open Source Initiative einsehbar[15].

2.4   Verteilung der Lizenzen in Open Source

Wie in Abbildung 2 zu erkennen ist, decken die hier vorgestellten Lizenzen den größten Teil der Open Source Software ab.

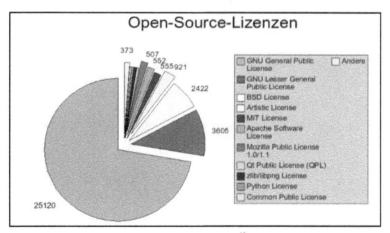

Abbildung 2 - Verteilung der Open Source Lizenzen (Quelle: BerliOS[16])

---

[14] Vgl. (Striewe, 2007) Seite 6
[15] http://www.opensource.org/licenses/index.php
[16] Vgl. (BerliOS, 2006)

3 Einsatz von Open Source Software in Unternehmen

Wie in den vorherigen Kapiteln zu erkennen ist, scheint Open Source Software alle Regeln der Wirtschaft zu durchbrechen. In diesem Kapitel werden die Vor-, aber auch die Nachteile von Open Source Software angesprochen, sowie Einsatzbereiche vorgestellt, in denen Open Source Produkte bereits gegenüber proprietärer Software vollständig konkurrenzfähig sind. Des Weiteren werden Unternehmen vorgestellt, die bereits Open Source einsetzen.

3.1 Vorteile

Nachfolgend werden einige Vorteile von Open Source Software mit häufig genannten Aspekten in kurzer Form dargestellt.

3.1.1 Anbieterunabhängigkeit

Software von kommerziellen Anbietern zwingen den Benutzer meistens in ein Abhängigkeitsverhältnis. Dieses Verhältnis wird in den Nutzungsbedingungen schriftlich fixiert und ist somit bindend. Anwender von Open Source Produkten müssen diese Abhängigkeit nicht befürchten, sondern genießen umfangreiche Freiheitsrechte.

3.1.2 Sicherheit

Generell wird bei Open Source Software oft von höherem Sicherheitspotenzial als bei proprietärer Software gesprochen. Aufgrund des offenen Quellcodes, den sich jeder Interessent anschauen kann, werden Sicherheitsprobleme und −lücken wesentlich schneller erkannt, als bei kommerziellen Produkten.

Aufgrund der kontinuierlichen Kontrolle des Quellcodes der Open Source Community, werden absichtlich eingebaute Fehlercodes eliminiert.

3.1.3 Anpassbarkeit

Open Source Produkte sind sehr flexibel und können je nach Anspruch individuell erweitert und angepasst werden. Somit können umfangreiche Synergieeffekte erreicht werden.

3.1.4 Wiederverwendbarkeit von Quellcodes

Die Quellcodes von Open Source Produkten können natürlich auf andere Produkte übertragen werden, was zu einer großen Zeiteinsparung in der Entwicklung führt. Durch das Studieren des Quellcodes ist ein hoher Wissenstransfer gegeben.

3.1.5 Anschaffungskosten

Als größter Vorteil in den Anschaffungskosten werden immer wieder die Lizenzgebühren genannt. Dies ist wahrlich ein zentraler Faktor für die Anschaffung von Open Source. Jedoch sollte man hierbei beachten, dass die Lizenzkosten nur einen geringen Anteil an den Total Cost of Ownership darstellen. Dennoch führt dies zu einer erhöhten Wirtschaftlichkeit gegenüber proprietärer Software.

3.1.6 Produktqualität

Die Open Source Gemeinde und deren Befürworter schreiben der OSS eine höhere Produktqualität zu. Die Begründungen liegen primär in den schnellen Entwicklungs-prozessen und den nicht vorhandenen Marktzwängen. Zudem müssen keine festdefinierten Veröffentlichungstermine eingehalten werden, was bei kommerzieller Software oftmals zu Problemen und somit zu Qualitätsverlust führt.

3.1.7 Offene Standards

Dateiformate und Datenaustauschstandards, die von Open Source Produkten verwendet werden, sind über offene Quelltexte für jeden Menschen per Definition dargestellt. Dies führt zu einer höheren Kompatibilität und Interoperabilität von Open Source Produkten gegenüber anderen Softwarearten. Es können mit geringem Aufwand entsprechende Schnittstellen schnell angepasst werden.

3.2 Nachteile

Nachfolgend werden einige Nachteile von Open Source Software mit häufig genannten Aspekten in kurzer Form dargestellt.

3.2.1 Keine Gewährleistungsansprüche

Gegen die Entwickler von Open Source Software haben die Anwender im Regelfall keine Gewährleistungs- und Haftungsansprüche. Da die Lizenzen auch keine Garantie auf Funktionstüchtigkeit geben, trägt der Nutzer ein eigenes Risiko die Software in Betrieb zu nehmen.

3.2.2 Support

Die Entwickler geben in den meisten Fällen keinen Support für Ihre Produkte, was dazu führen kann, dass die Anwender auf Drittdienstleister zurückgreifen müssen. Dies hat sich jedoch bei den größeren Open Source Produkten geändert. Hier hat sich ein eigenständiges Geschäftsmodell gebildet, das passende Dienstleistungen an die Software anbietet.

3.2.3 Schulungsaufwand

Die kommerzielle Software ist wesentlich mehr in Unternehmen verbreitet als Open Source. Microsoft Office oder Windows XP sind bereits sehr gute Beispiele, die beweisen, dass die meisten Endanwender diese Software nutzen und keine Erfahrung in OpenOffice.org oder SuSE Linux sammelten. Steigt ein Unternehmen bei Office-Anwendungen oder dem Betriebssystem auf freie Alternativen um, so müssen bereits im Voraus die Mitarbeiter geschult oder sogar neue Mitarbeiter eingesetzt werden. Dies führt zu höheren Kosten und senkt zu Beginn die Produktivität der Mitarbeiter.

3.2.4 Weiterentwicklung

Entwickler von Open Source Software sind nicht dazu verpflichtet die Produkte zu warten, zu pflegen oder weiter zu entwickeln. Setzt ein Unternehmen jedoch auf dieses Produkt, so möchte es auch längerfristig mit der freien Alternative planen und arbeiten. Sollte der plötzliche Abbruch des Open Source Projekts von Seiten des Entwicklers eintreten, ist dies für das Unternehmen von Nachteil. Der einzige Schutz ist der offene Code, so dass das Unternehmen auch ohne den Entwickler an der Software arbeiten kann.

3.2.5 Mangel an Applikationen

Ein weiterer Nachteil besteht in der mangelnden Verfügbarkeit von Open Source Applikationen. Dies stellt wohl den Hauptgrund dar, warum Unternehmen mit dem Umstieg zögern. Oft fehlt es an kompatibler Software für bestimmte Bereiche. Linux dient hier als gutes Beispiel. Linux kann mit der Programmvielfalt, die es für Windows gibt, nicht mithalten und schreckt somit viele potenzielle Neukunden ab[17].

---

[17] Vgl. (Renner, Vetter, & Kett, 2005) Seite 16 ff.

In Tabelle 1 sind nochmal die Vor- und Nachteile von Open Source Software
gegenübergestellt.

Tabelle 1 - Gegenüberstellung Vor- und Nachteile von OSS

Vorteile	Nachteile
Anbieterunabhängigkeit	Keine Gewährleistungsansprüche
Sicherheit	Oft kein Support durch den Entwickler
Anpassbarkeit	Schulungsaufwand
Wiederverwendbarkeit von Quellcodes	Weiterentwicklung
Anschaffungskosten	Mangel an Applikationen

3.3 Open Source im Office-Bereich

Die Zuverlässigkeit von Open Source Produkten ist sehr hoch. Ausfälle bzw.
Prozessstörungen in ausgereiften Produkten sind aufgrund der sehr zügigen
Weiterentwicklung selten geworden. Das diese Produkte aber nicht nur in dem Punkt
Zuverlässigkeit, sondern auch in Ihrem allgemeinen Umfang, wie z. B. den Werkzeugen,
gegen proprietäre Software problemlos antreten können, soll in den folgenden Kapiteln
näher erläutert werden. Zunächst wird ein direkter Vergleich zwischen Microsoft Office
2007 Professional und OpenOffice.org 2.x durchgeführt. Im Anschluss wird eine Frage aus
einer umfangreichen Umfrage der Fraunhofer Gesellschaft thematisiert.

3.3.1 Microsoft Office 2007 Professional vs. OpenOffice.org 2.x

Im Office-Bereich soll ein tabellarischer Vergleich zwischen den Anwendungen
OpenOffice.org 2.x und Microsoft Office 2007 dargestellt werden. Die folgende Tabelle 2
basiert auf einer Ausarbeitung der *OpenOffice.org Gemeinschaft*, die von *Sun Microsystems*
herausgegeben wurde[18].

---

[18] Vgl. (Koll, 2008) Seite 4

Tabelle 2 - MS Office 2007 Professional vs. OpenOffice.org 2.x

Beschreibung	Microsoft Office 2007 Professional	OpenOffice.org 2.x
Textverarbeitung	X	X
Tabellenkalkulation	X	X
Präsentation	X	X
Datenbank	X	X
E-Mail / Kalender	X	
Zeichnung	X	X
Zusammenarbeitslösung		X
Formeleditor	X	X
Preis (Neuanschaffung)	649,00 €[19]	kostenlos

Weitere tabellarische Auflistungen zeigen, dass das Open Source Produkt ohne große Einschränkungen mit der kostenpflichtigen Office-Lösung von Microsoft mithalten kann. Da jedoch die Benutzerführung von OpenOffice.org in einigen Fällen von Microsoft Office 2007 abweicht, schreckt es viele Anwender und Unternehmen ab, auf die Open Source Lösung umzusteigen. Auch führen einige Missverständnisse, wie Kompatibilitätsprobleme, zu einer Abneigung gegenüber der Open Source Lösung. Diese ist jedoch unberechtigt, da OpenOffice.org 2.x bzw. die aktuelle Beta in Version 3.0 mit allen gängigen Dateiformaten umgehen kann. Im September 2008 ist das Rollout von OpenOffice.Org 3.0 mit vielen weiteren Features geplant.

3.3.2 Produkteinsatz im Office-Bereich

Die Fraunhofer Gesellschaft führte eine umfangreiche Befragung an Experten und Unternehmen über den Einsatz von Office-Produkten durch. Die Befragung zielte auf die Einsatzhäufigkeit der Softwareprodukte, welche anhand eines fünf-stufigen Ratings bewertet werden konnte. Eine *1* steht für sehr *wenig im Einsatz*, die *5* steht für *sehr häufig im Einsatz*.

---

[19] Vgl. (Microsoft Store, 2008)

Die Produkte, die es zu bewerten galt, sind der Tabelle 3 zu entnehmen.

Tabelle 3 - Auflistung Office Systeme

Software	Lizenztyp	Bewertung
Microsoft Office	kommerziell	4,9
OpenOffice.org	Open Source	2,2
KOffice	Open Source	1,4
Gnome Office	Open Source	1,4
Word Perfect Suite	kommerziell	1,2
IBM Lotus	kommerziell	1,2

Das Ergebnis dieser Umfrage zeigt, dass Microsoft Office mit einem Wert von *4,9* einen sehr hohen Anteil hat. Von allen anderen Alternativen konnte OpenOffice.org mit einem Wert von *2,2* zwar nicht annähernd an Microsoft Office anknüpfen, kann sich aber in naher Zukunft als ernsthafte Alternative bewähren. Alle anderen Office Systeme waren mit den Werten *1,4* bis *1,1* nicht wirklich konkurrenzfähig[20].

---

[20] Vgl. (Renner, Vetter, & Kett, 2005) Seite 36 f.

4 Wirtschaftlichkeit von Open Source

Auf der einen Seite steht die proprietäre Software, die über einen großen Umfang von Know-How der Anwender und ein breites Spektrum von kompatibler Software verfügt. Auf der anderen Seite steht die Open Source Software, für die der weitgehende Wegfall der Lizenzgebühren spricht. Die Hardwarekosten sollten sich in beiden Fällen neutral verhalten.

Ob Open Source nun kostengünstiger ist, lässt sich nicht einfach darstellen, sondern ist vom jeweiligen Fall abhängig. Daher ist immer eine Durchfühung einer Wirtschaftlichkeits-betrachtung erforderlich.

In einer Studie der Soreon Research GmbH wurde herausgefunden, dass Unternehmen und Verwaltungen durch den Einsatz von Open Source Produkten finanziell einsparen. Unter anderem wurde eine Total Cost of Ownership von Open Source Software gegenüber kommerziellen Produkten gestellt. Das Ergebnis zeigt auf, dass Großunternehmen ihre Betriebskosten durch einen Einsatz von Open Source bei Servern um 30 Prozent, im Office-Bereich um 20 Prozent und im Content-Management-Bereich um 25 Prozent senken konnten.

Die Einsparungen führen hauptsächlich auf die wegfallenden Lizenzgebühren zurück, jedoch auch im laufenden Betrieb und in der Wartung sind Einsparungen zu erkennen. Höhere Kosten bei Open Source gegenüber proprietärer Software konnte bei den Einführungskosten erkannt werden. Dies führt auf das geringe Know How der Mitarbeiter im Umgang mit Open Source Software zurück[21].

---

[21] Vgl. (Binder & Kühmoser, 2003)

5 Fazit

Open Source Software hat sich in den letzten Jahren zu einer ernsthaften Konkurrenz gegenüber kommerzieller Software entwickelt. Sowohl preislich, als auch qualitativ ist Open Source eine attraktive Alternative geworden und findet somit immer mehr Einzug in die Unternehmen. Insbesondere in den Gebieten Office, wie in der Hausarbeit vorgestellt, aber auch bei Datenbanken, Server und Content Management Systemen, Web-Browsern und Entwicklungssystemen genießt Open Source ein hohes Ansehen.

Kosteneinsparungen sind und bleiben für Unternehmen die größten Anreize an Open Source. Doch sollte nicht vergessen werden, dass nicht nur die Kostensenkung ein primärer Punkt für die Umstellung ist, sondern auch viele strategische Vorteile, wie unter anderem indivduelle Programmierung und schnelle Sicherheits- und Funktionsupdates. Allein diese Merkmale sind auf längere Zeit wesentlich kostengünstiger als proprietäre Software.

Weiterhin sollte immer überprüft werden, welche Einsatzgebiete mit Open Source abgedeckt werden sollen, denn Open Source Software weist hier starke Unterschiede in den Reifegraden auf. Jedoch geht die Entwicklung von Open Source Software in den noch dünn abgedeckten Bereichen relativ schnell voran, so dass es nur eine Frage der Zeit ist, wann ein Unternehmen ein passendes freies Werkzeug einsetzen kann.

Abkürzungsverzeichnis

bzw.	beziehungsweise
CD	Compact Disk
DVD	Digital Video Disk
GPL	General Public License
Hrsg.	Herausgeber
LGPL	Lesser General Public License
OSI	Open Source Initiative
OSS	Open Source Software
Vgl.	Vergleiche
vs.	versus
z. B.	zum Beispiel

Abbildungsverzeichnis

Abbildung 1 - Begriffsabgrenzung 5
Abbildung 2 - Verteilung der Open Source Lizenzen (Quelle: BerliOS) 7

Tabellenverzeichnis

Tabelle 1 - Gegenüberstellung Vor- und Nachteile von OSS 11

Tabelle 2 - MS Office 2007 Professional vs. OpenOffice.org 2.x 12

Tabelle 3 - Auflistung Office Systeme 13

Literaturverzeichnis

BerliOS (2006). *Open-Source-Lizenzen - OpenFacts.* Abgerufen am 2. Juli 2008 von http://openfacts.berlios.de/index.phtml?title=Open-Source-Lizenzen

Binder, S., & Kühmoser, S. (2003). *Kassensturz: Open-Source und proprietäre Software im Vergleich.* (S. R. GmBH, Hrsg.) Frankfurt: SOREON Research.

Bork, R. (2004). Recht und Risiko. In R. Bork, R. Bork, T. Hoeren, & P. Pohlmann (Hrsg.), *Recht und Risiko* (S. 230 f.). Recht und Risiko: Verlag Versicherungswirtschaft.

Brügge, B. (2004). *Open-Source-Software: Eine ökonomische und technische Analyse.* Berlin: Springer Verlag.

CIO Insight (2005). *The CIO Insight Research Study.* Northbrook, Illinois: CIO Insight.

Free Software Foundation (21. April 2008). *Die Definition Freier Software.* Abgerufen am 01. Juli 2008 von http://www.gnu.org/philosophy/free-sw.de.html

Gerwinski, P. (2008). *GNU.de.* Abgerufen am 1. Juli 2008 von http://www.gnu.de/free-software/open-source.de.html

Gläßer, L. (2004). *Open Source Software: Projekte, Geschäftsmodelle, Rechtsfragen, Anwendungsszenarien - was IT-Entscheider und Anwender wissen müssen.* Erlangen: Publicis Corporate Publishing.

Grassmuck, V. (2004). *Freie Software: Zwischen Privat - und Gemeineigentum* (2. Ausg.). Bonn: Bundeszentrale für politische Bildung.

Kharitoniouk, S., & Stewin, P. (2003). Open Source Jahrbuch 2004 - Zwischen Softwareentwicklung und Gesellschaftsmodell. In R. A. Lutterbeck, & R. A. Lutterbeck (Hrsg.), *Open Source Jahrbuch 2004 - Zwischen Softwareentwicklung und Gesellschaftsmodell* (S. 2 ff.). Berlin: Lehmanns Media.

Koll, K. (April 2008). OpenOffice.org 2.x und Microsoft Office 2007 Feature Vergleich. (20080401). (S. Microsystems, Hrsg., W. Uhlig, & S. Wilper, Übers.) Deutschland.

Lüchinger, F. (Juli 2004). Bestimmungsmerkmale für ausgewählte Geschäftsmodelle im Bereich Open Source Software (OSS). Bern: GRIN Verlag.

Microsoft (2008). *Microsoft Shared Source Initiative Home Page.* Abgerufen am 1. Juli 2008 von http://www.microsoft.com/resources/sharedsource/default.mspx

Microsoft Store (2008). *Microsoft Store - Office.* Abgerufen am 2. Juli 2008 von https://emea.microsoft.com/DE/DesktopDefault.aspx/tabid-84/?et_cid=8&et_lid=68

Renner, T., Vetter, M., & Kett, H. (2005). *Open Source Software: Einsatzpotenziale und Wirtschaftlichkeit.* Stuttgart: Fraunhofer IRB Verlag.

Schäfer, F. (2007). *Der virale Effekt: Entwicklungsrisiken im Umfeld von Open Source Software.* (T. Dreier, J. Kühling, & P. Sester, Hrsg.) Karlsruhe: Universitätsverlag Karlsruhe.

Stallmann, R. (29. Juli 2001). *Kategorien freier und unfreier Software - GNU Projekt - Free software Foundation (FSF).* Abgerufen am 1. Juli 2008 von http://www.gnu.org/philosophy/categories.de.html

Striewe, N. (2007). *Open Source - Historische Entwicklung eines Begriffs und seine künftige Bedeutung für den Informations- und Kommunikationsmarkt.* München: GRIN Verlag.